for 1000+ tutorials ... use our
free site .... drawinghowtodraw.com

BY RACHEL GOLDSTEIN

DRAWING EMOJIS

Drawing Emojis Step by Step with Easy Drawing Tutorials for Kids

A STEP BY STEP EMOJI DRAWING GUIDE FOR CHILDREN IN SIMPLE STEPS

Now the mouth is a Letter D Shape

NOW YOU TRY

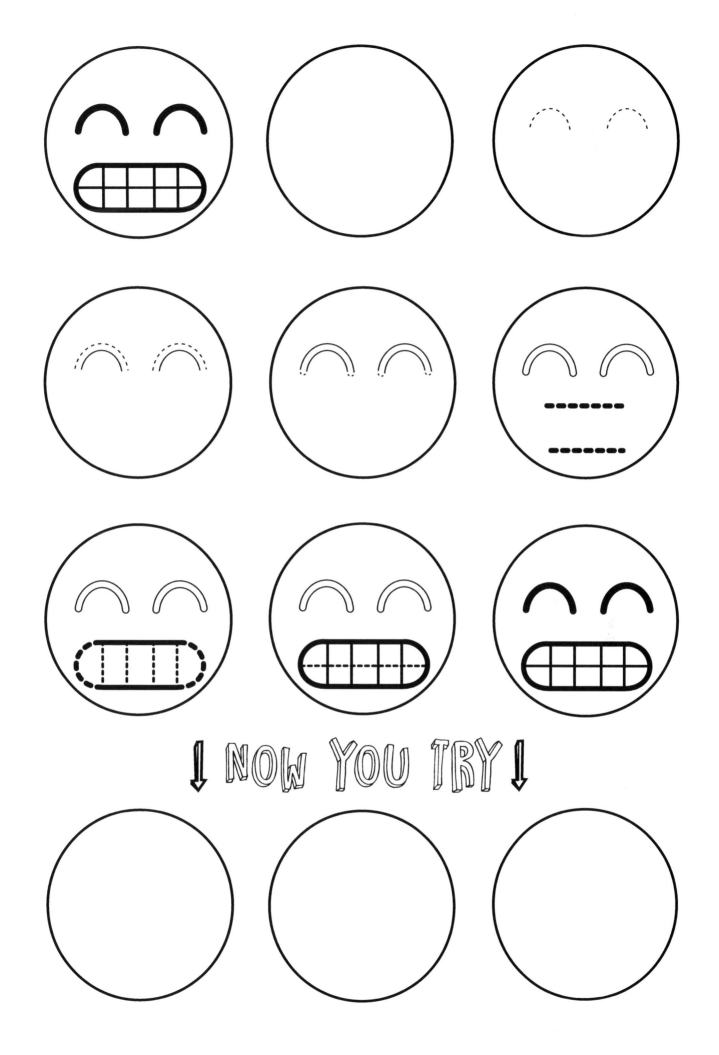

↓ NOW YOU TRY ↓

Letter
U
Shape

↓ NOW YOU TRY ↓

↓ NOW YOU TRY ↓

↓ NOW YOU TRY ↓

Mouth is a
Letter D
Shape now

Letter V
Shapes

Now they
are Letter A
Shapes

NOW YOU TRY

↓ NOW YOU TRY ↓

Now the mouth is a Letter D Shape

#3 Shape

Letter V Shapes

NOW YOU TRY

Now these are
Letter D Shapes

NOW YOU TRY

Letter U and #3 Shape

Letter V Shape

NOW YOU TRY

#3
Shape 3

↓ NOW YOU TRY ↓

#3
Shape 3

↓ NOW YOU TRY ↓

Letter
U
Shapes

#3 Shape

↓ NOW YOU TRY ↓

Letter U
Shapes

NOW YOU TRY

↓ NOW YOU TRY ↓

↓ NOW YOU TRY ↓

↓ NOW YOU TRY ↓

Letter D
Shaped
Eyes

Letter J
Shape

↓ NOW YOU TRY ↓

Letter V
Shapes

Now they
are Sideways
Letter A Shapes

Letter
U Shape

↓ NOW YOU TRY ↓

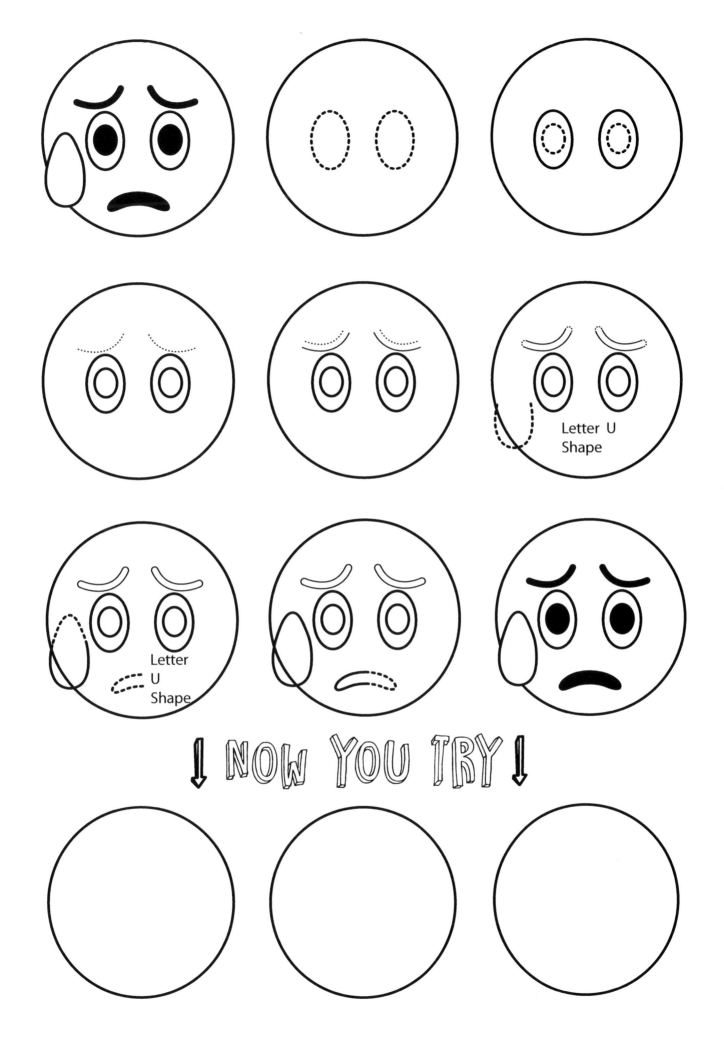

Letter U Shape

Letter U Shape

↓ NOW YOU TRY ↓

NOW YOU TRY

Letter U
Shape

Letter U Shapes

NOW YOU TRY

Letter V Shapes

Letter A Shapes

NOW YOU TRY

Letter U
Shapes

Letter U
Shape

Letter Z Shape

Letter Z Shape

NOW YOU TRY

Now a
Letter D
Shape

Letter U
Shape

↓ NOW YOU TRY ↓

Letter U
Shape

Letter U
Shape

NOW YOU TRY

Letter
D
Shapes

Letter
U Shape

↓ NOW YOU TRY ↓

Letter
U
Shapes

Letter
U
Shape

NOW YOU TRY

Letter U
Shape

↓ NOW YOU TRY ↓

↓ NOW YOU TRY ↓

Letter
V
Shape

Letter
A
Shape

Letter
M Shape

Letter M

NOW YOU TRY

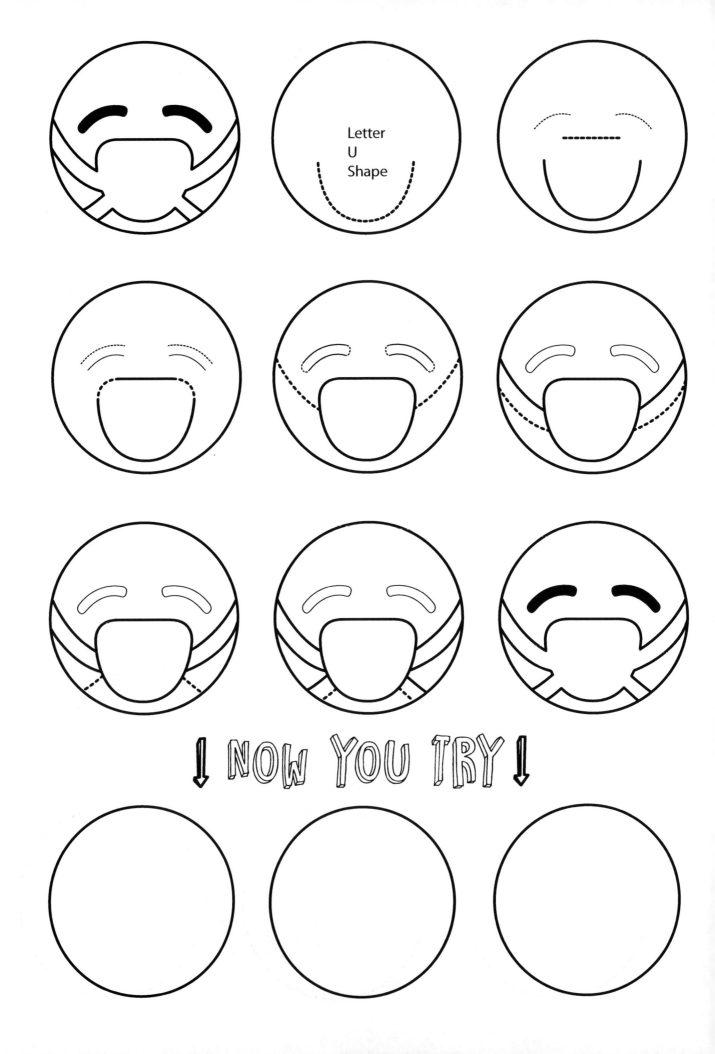

Letter
U
Shape

↓ NOW YOU TRY ↓

Letter X
Shapes

NOW YOU TRY

Letter U
Shape

↓ NOW YOU TRY ↓

Letter U
Shape

Letter j
and v
Shape

NOW YOU TRY

Letter U
Shape

↓ NOW YOU TRY ↓

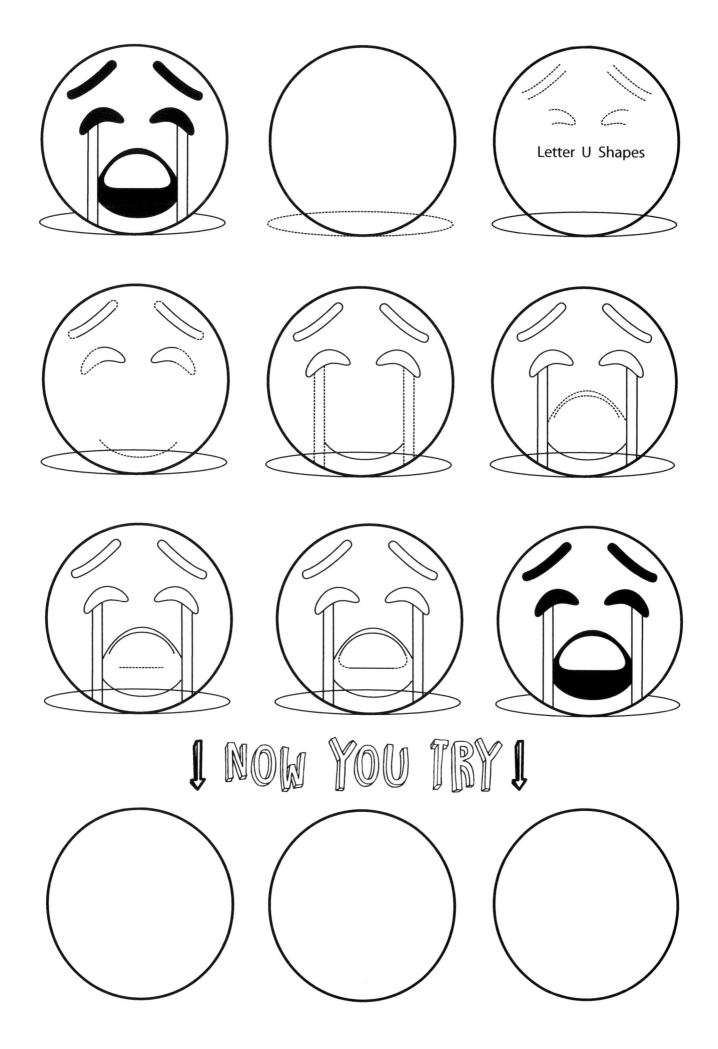

Letter U Shapes

NOW YOU TRY

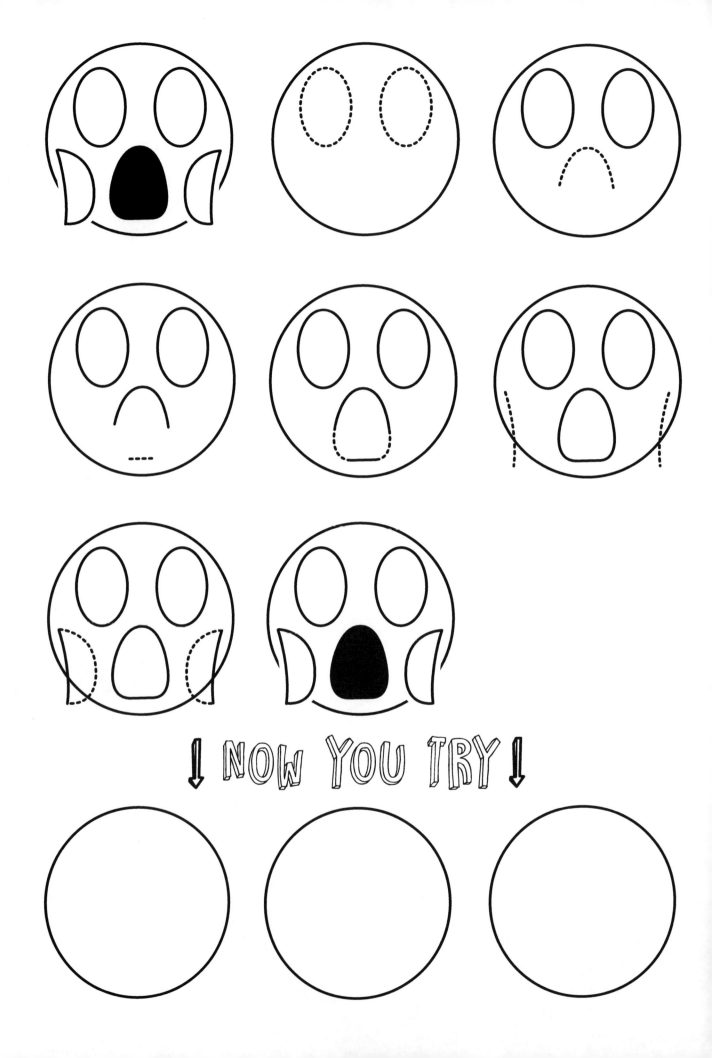

NOW YOU TRY

Letter
S
Shape

Letter C Shape

NOW YOU TRY

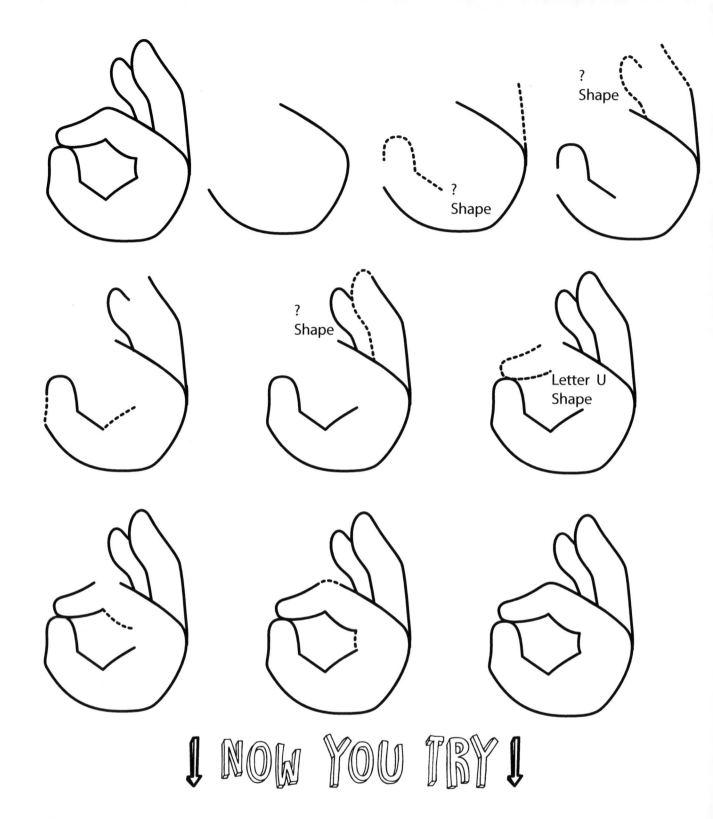

? Shape

? Shape

? Shape

Letter U Shape

↓ NOW YOU TRY ↓

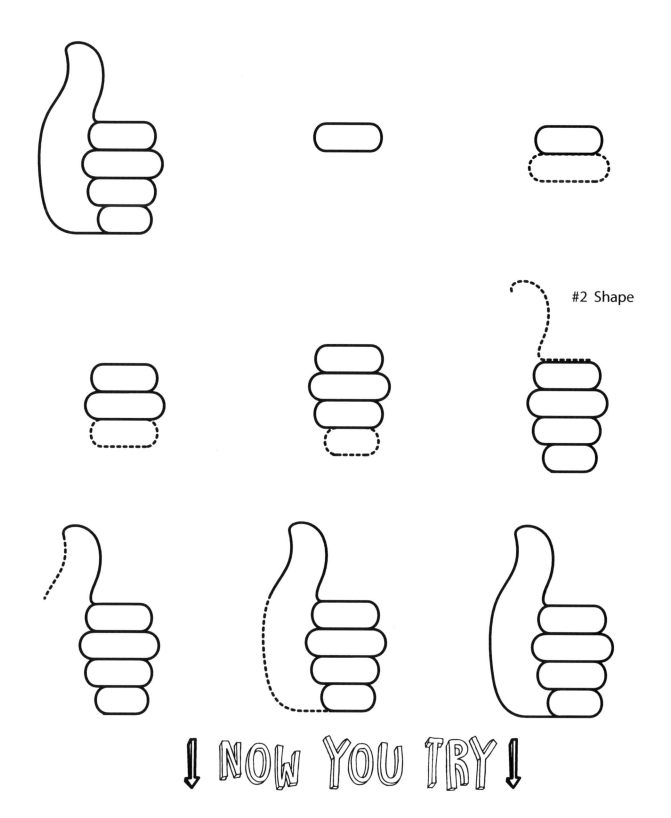

#2 Shape

NOW YOU TRY

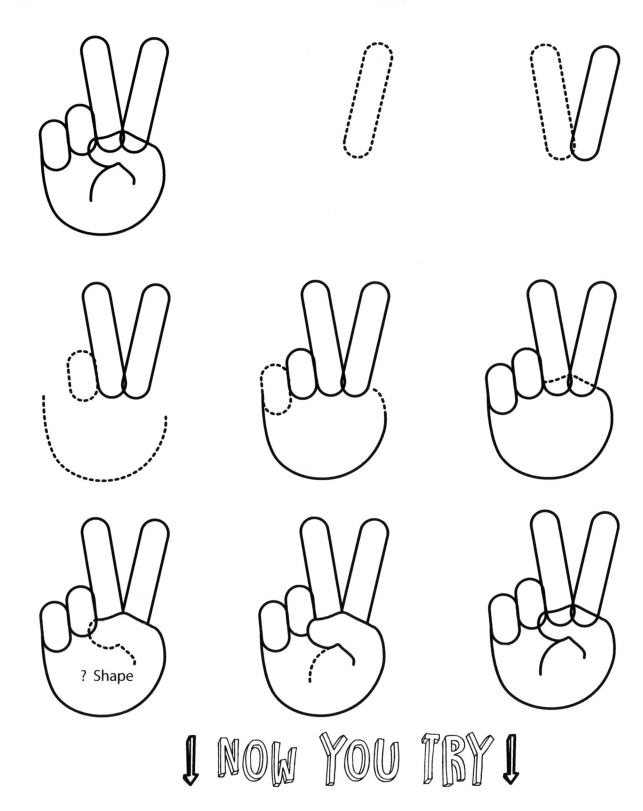

? Shape

↓ NOW YOU TRY ↓

↓ NOW YOU TRY ↓

Sideways #3 Shape

Letter M Hair

↓ NOW YOU TRY ↓

↓ NOW YOU TRY ↓

Sideways
#3 Shape

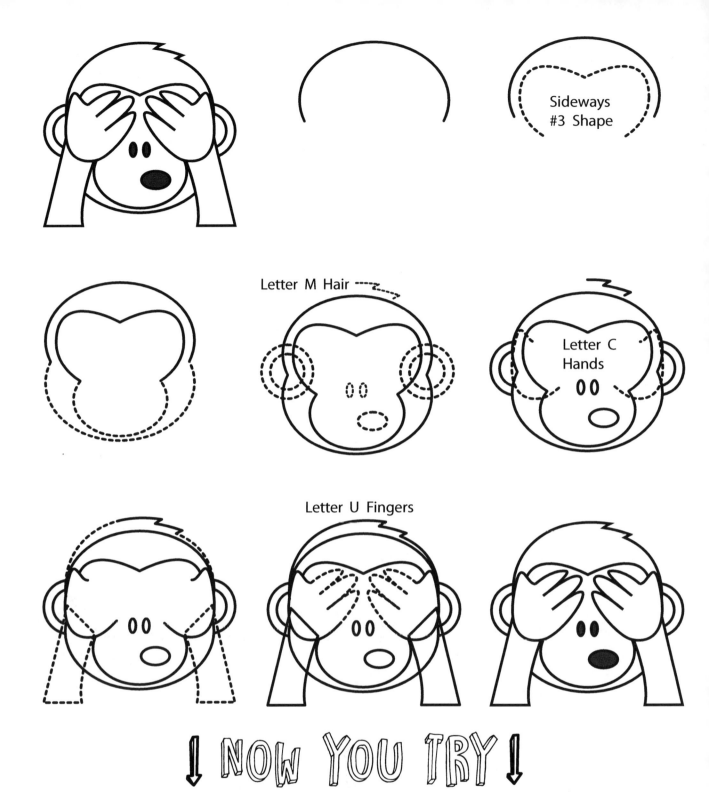

Sideways #3 Shape

Letter M Hair

Letter C Hands
0 0

Letter U Fingers

↓ NOW YOU TRY ↓

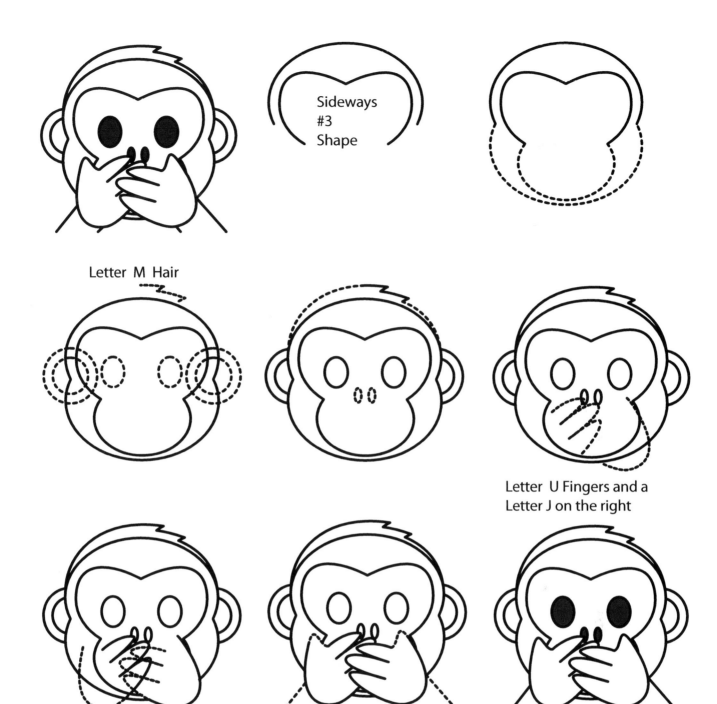

Sideways #3 Shape

Letter M Hair

Letter U Fingers and a Letter J on the right

Letter J on left and Letter U Fingers

↓ NOW YOU TRY ↓

↓ NOW YOU TRY ↓

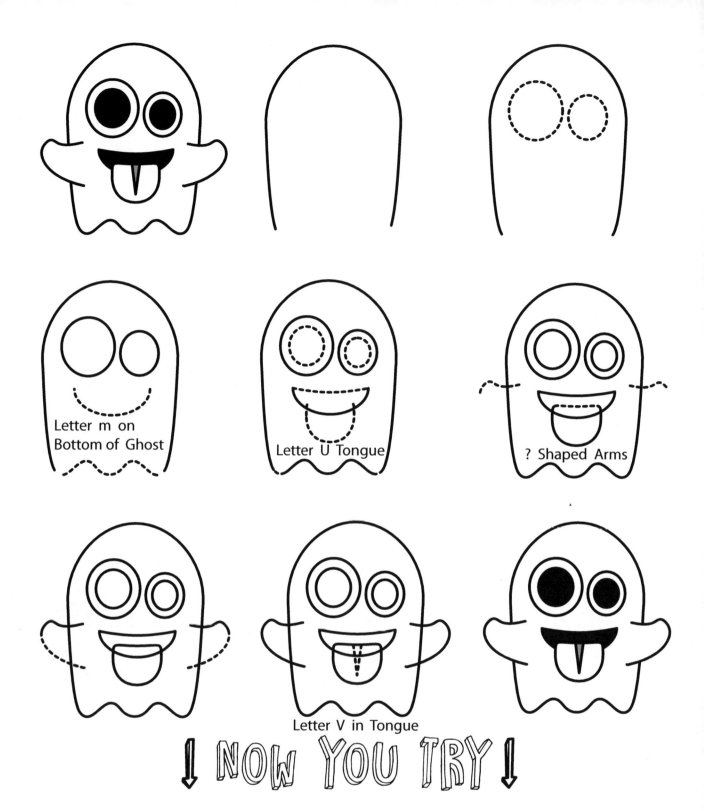

Letter m on
Bottom of Ghost

Letter U Tongue

? Shaped Arms

Letter V in Tongue

NOW YOU TRY

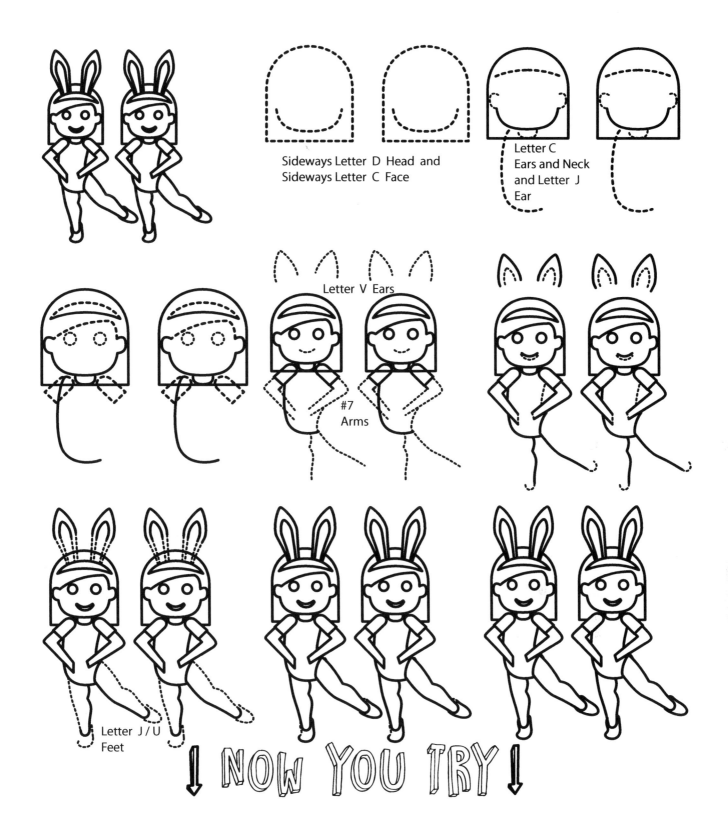

Sideways Letter D Head and
Sideways Letter C Face

Letter C
Ears and Neck
and Letter J
Ear

Letter V Ears

#7
Arms

Letter J / U
Feet

↓ NOW YOU TRY ↓

Sideways
Letter C
Shapes

#2 Shape

↓ NOW YOU TRY ↓

I NOW YOU TRY I

OUR OTHER BOOKS

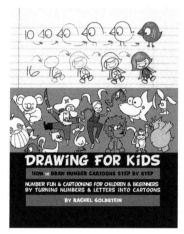

Please Give Us Good Reviews on Amazon! This book is self-published so we need to get the word out! **If You Give us a 5 Star Review**, and Email us About it, We Will Do a Tutorial Per Your Child's Request and Post it On DrawingHowToDraw.com

Made in the USA
Middletown, DE
26 November 2016